El Atlántico

por G. Brian Karas

Para los Gideon—
David, Priscilla, Derek, Gwenn y Roan

Copyright © by Houghton Mifflin Harcourt Publishing Company

All rights reserved. No part of this work may be reproduced or transmitted in any form or by any means, electronic or mechanical, including photocopying or recording, or by any information storage and retrieval system, without the prior written permission of the copyright owner unless such copying is expressly permitted by federal copyright law. Requests for permission to make copies of any part of the work should be addressed to Houghton Mifflin Harcourt Publishing Company, Attn: Contracts, Copyrights, and Licensing, 9400 Southpark Center Loop, Orlando, Florida 32819-8647.

Acknowledgments

Atlantic by G. Brian Karas. Copyright © 2002 by G. Brian Karas. Reprinted by permission of Penguin Group (USA), Inc.

"If You Ever" by Anonymous from *The Poetry Troupe: An Anthology of Poems to Read Aloud*, published by Charles Scribner's Sons, 1977.

"Undersea" by Marchette Chute from *Piper, Pipe That Song Again!*, compiled by Nancy Larrick. Copyright © 1965 by Random House, Inc. Reprinted by permission of Elizabeth M. Hauser for the author.

Credits
Illustration
32–38 Jane Bryan Hunt.

Printed in Mexico

Little Big Book ISBN: 978-0-544-23180-1
Big Book ISBN 978-0-544-15614-2

1 2 3 4 5 6 7 8 9 10   0908   22 21 20 19 18 17 16 15 14 13

4500430329   A B C D E F G

If you have received these materials as examination copies free of charge, Houghton Mifflin Harcourt Publishing Company retains title to the materials and they may not be resold. Resale of examination copies is strictly prohibited.

Possession of this publication in print format does not entitle users to convert this publication, or any portion of it, into electronic format.

Contenido

Lecturas conjuntas

El Atlántico 2
Texto informativo: Ciencias
por G. Brian Karas

Poemas 32
Poesía

Yo soy el océano Atlántico.

Empiezo donde la tierra acaba,
al final de los patios
y las avenidas
y los montes.

Soy el agua azul de la playa,
las olas,
 la bruma y las tormentas.
También soy ese olor.

Me extiendo desde los polos helados,
   Norte y Sur.
Me codeo con Norte América
   y reboto hasta África.
Chapoteo en Sudamérica y me arrojo en Europa.

Pero no termino ahí.
El Pacífico y el Índico,
el Ártico y el Antártico
son mis parientes.
Somos una gran familia.

Mis aguas no se quedan en un solo lugar. Viajan de continente a continente.

Para que el iceberg flotante que pase frente a la ventana de alguien un día, tarde o temprano termine rozando tus pies en una cálida playa tropical.

Mis dedos se extienden.
Bahías y ensenadas penetran en la tierra.
Golfos, mares, estrechos y canales
conducen hacia mí
y dentro de mí.
Ellos son yo.

Estoy aquí día y noche,
agitado,
    embravecido,
        calmo y sereno,
erosionando algunas costas
    y llevando su arena a otro lugar,
        palmo a palmo.
Mi forma cambia
    desde siempre,
a veces aumentando,
    a veces reduciéndose,
        nunca permanece igual.

El sol
a millones de millas de distancia
calienta mis aguas,
para convertirlas en nubes y tormentas
que llueven sobre mí,
para que todo comience otra vez.

La luna,
    tan lejana en el espacio,
        me hala hacia ella
            y luego me suelta.
    Así, mis mareas suben y bajan,
        se alejan e inundan la tierra.

Primero fui descubierto
(aunque yo llegué primero)
y luego conquistado
por hombres en grandes barcos
que me bautizaron.
He sido recorrido e investigado,
cartografiado,
estudiado,
contaminado.

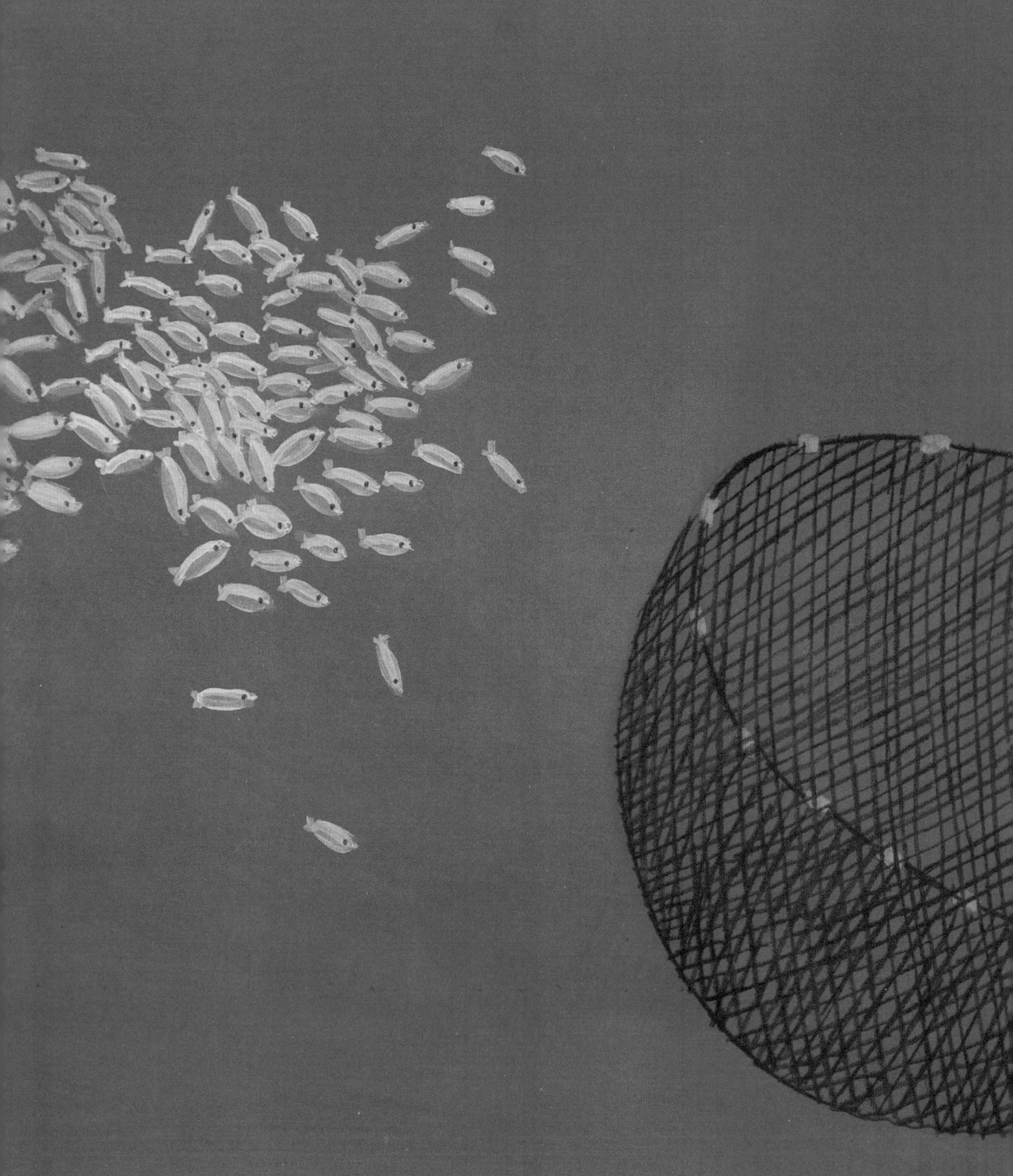

Los pescadores me conocen.
Conocen mis lechos de ostras
y buscan mis bancos de peces
con arpones y redes,
con cuerdas y trampas.

Los pintores hacen pinturas de mí
con tintas de azul cerúleo,
cobalto y ultramarino.

rables, seres   pequeños y grandes. *la Santa Biblia*   ¡La hemos

baud   Me he   bañado en el poema del Mar... Y marineros e

Y la magia del mar   que rompe, rompe, en sus frías y

ay.   *Homero*   Oh aguas de los ríos, oh sonrisa   innumerab

l mar, las gotas de lluvia, o los días de la eternidad?   *la Santa*

El sol brillaba   sobre el mar, brillaba con todo su poder. *Lewis*

oso mar, Y   hacen placentera   la tierra. *Julia A.*   Fletcher C

s por la noche.   *Walt*   *Whitman*   Y sol   a los reyes.

¿Quién mejor que los poetas para describirme con sus bellas palabras?

**La danzarina sombra de tu aeroplano
salta sobre las olas, sobre las olas**

**con delfines que cantan y nadan veloces
junto a tortugas y ballenas y peces voladores.**

Las gaviotas me cantan.
Piedritas y arena
   cascabelean y repican en coro
      mientras me abalanzo
         y me alejo de la playa.

Datos sobre mí

No soy el océano más grande del mundo, ese es el Pacífico. Pero tengo varios miles de costas debido a mis ensenadas, bahías, golfos, mares, estrechos y canales. Algunas personas piensan que todos los océanos de la Tierra son uno solo: el océano Mundial o Global.

Si vaciaras todo el agua que contengo, verías profundas fosas (la fosa de Puerto Rico tiene 8,648 metros de profundidad, o sea, el monte Everest cabría casi entero en esa fosa). También verías anchas cuencas y la cadena montañosa más larga de la Tierra: la Dorsal Media del Atlántico.

Me muevo por medio de corrientes gigantescas, como la del Golfo y las corrientes de Brasil y del Atlántico Norte. Así llevo climas cálidos a Irlanda y vientos secos a África.

He estado aquí desde hace mucho tiempo. Aunque soy producto de millones y millones de años de lluvias, soy el océano más joven del mundo. Al principio, la Tierra tenía un solo océano: el Panthalassa ("todos los mares", en griego).

Sigo creciendo, un par de pulgadas más ancho cada año. Si me preguntas cómo luciré dentro de 200 millones de años, la verdad no lo sé.

A pesar de lo antiguo que soy, y de lo fuerte que puedo ser, estoy en riesgo. Me pone en peligro todo aquello que no pertenece a mis aguas, como los químicos, el petróleo, la basura y los desperdicios que arroja la gente. Por favor, ¡respétame!

Si alguna vez
Anónimo

Si alguna alguna alguna vez,
alguna alguna alguna vez, una ballena ves,
su cola jamás jamás jamás tocarás,
jamás jamás jamás la acariciarás:

Porque si alguna alguna alguna vez,
alguna alguna alguna vez, su cola has de tocar,
jamás jamás jamás, jamás jamás jamás
jamás jamás, otra ballena encontrarás.

Diez pececitos

juego con dedos tradicional

Diez lindos pececitos nadaban en el mar.

El primero dijo: "Nadar aquí es genial".

El segundo dijo: "Hoy hace mucho calor".

El tercero dijo: "Juguemos bajo el sol".

El cuarto dijo: "Mi hambre no tiene fin".

El quinto dijo: "Ese gusano es para mí".

El sexto dijo: "¡Espera! Antes debes mirar".

El séptimo dijo: "Sí, en un anzuelo parece estar".

El octavo dijo: "¿Podemos comerlo como sea?".

El noveno dijo: "Mmm… quizá no sea mala idea".

Y el décimo, muy valiente, al gusano mordió y luego nadando se fugó.

Bajo el mar
por Marchette Chute

Bajo las olas del mar,
   azules y serenas,
enseñan a nadar
   algunas sirenas.

Las ostras trotan;
   las langostas saltan;
los delfines gozan,
   todos juntos bailan.

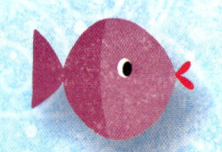

Pero las medusas,
aunque son muy bellas,
no son nada sabias
en esa escuela.

Marinero que se fue a la mar, a la mar, a la mar

Canción popular

Marinero que se fue a la mar, a la mar, a la mar
para ver qué podía ver, ver, ver,
pero lo único que pudo ver, ver, ver,
fue el fondo del azulado mar, mar, mar.